O Inimigo dentro de casa:
A violência psicológica

Eduardo Calixto

Publicado em 31th Março 2022.
ISBN: 9798443288970

Dedicação

Eu dedico esse livro a todas as vítimas de violência doméstica, seja física ou psicológica, sejam mulheres, crianças e idosos de ambos o sexo.

Agradecimentos

Agradecimento a todos os familiares, amigos e todos aqueles que me ajudam a divulgar esse livro e trazer para sociedade a consciência em relação a violência doméstica que ocorrem dentro de casa contra mulheres, crianças e idosos de ambos os sexos.

Sumário

A motivação para escrever esse livro veio de denunciar a violência doméstica, seja física ou psicológica que ocorre ao redor do mundo. Segundo dados da Organização Mundial de saúde, 1 a cada 3 mulheres sofreram violência doméstica, física ou psicológica na sua vida. Dados do site Kids data mostram que 1 em 4 mulheres já sofreram violência doméstica e 1 em cada 10 homens já abusaram de suas parceiras fisicamente ou psicologicamente. Segundo o site Nacav, 1 em cada 4 mulheres e 1 em cada 7 homens, já sofreram violência doméstica, física ou psicológica na sua vida. as estatísticas são baseadas em dados oficialmente relatados, mas nesses casos grande parte dessa violência fica oculta no ceio da família e as vítimas sofrem anos de suas vidas de abuso físico e psicológico. A motivação para escrever esse livro foi denunciar essa triste realidade que afeta famílias de todo mundo. O livro é baseado em fatos sobre a história da Família Castilho, onde o personagem principal, Carlos Castilho, conta sua experiência e seu drama vivido dentro de sua família e anos de abuso, que sua Mãe, Mara Castilho sofreu e sofre, abusos psicológicos de seu Inimigo dentro de casa, seu marido João Castilho. O livro descreve relatos e histórias ocorridas no ceio da família de Carlos Castilho, descritas por ele, que o fizeram tomar consciência de que algo tinha que ser feito para salvar sua Mãe, Mara Castilho da opressão do

Inimigo dentro de casa.
Esse livro não tem nenhum fim lucrativo, o principal
objetivo do livro é divulgar o drama vivido por
Carlos Castilho, que tenta salvar sua Mãe, mesmo
sem o apoio da justiça e da sociedade, mesmo sem
sua própria Mãe não ter consciência de que é
vítima de violência doméstica há anos, essa parte
será descrita ao longo do livro.
Espero que essa triste história te comova ao ponto
de você leitor denunciar qualquer violência
doméstica, física ou psicológica, contra idosos,
crianças e principalmente mulheres ao redor do
mudo.
Se queremos um mundo mais justo, nosso papel na
sociedade é sempre denunciar qualquer tipo de
injustiça.

1.0 VIOLENCIA DOMÉSTICA: PSOCOLÓGICA E SOCIAL

1.1 O que significa da violência psicológica

A violência física é simplesmente caracterizada por agressão de um indivíduo a outro indivíduo. Esse tipo de violência deixa marcas e evidências físicas, que podem ser facilmente detectadas e usadas como provas contra o agressor, quando denunciada. Porém a violência psicológica é muito mais difícil de ser detectada e provada. A violência psicológica ocorre em seis tipos:

- Denegrir a imagem e a autoestima;
- Ameaças verbais;
- Agressões verbais;
- Restrição de liberdade pessoal;
- Negligência e abandono.

Os EUA tem sido reportado que 80% das mulheres que processaram seus parceiros por violência física também foram vítimas de violência psicológicas.
Um estudo feito em pessoas da terceira idade revela que 10.5% dos participantes foram vítimas de abuso psicológico por filhos ou outros membros da família.
De 1288 casos, de 2002–2004, 1201 pessoas, foram vítimas de abuso psicológico, sendo 70% mulheres, aonde 42% das causas de tais abusos foram bens materiais e financeiros.

Segundo dados da Organização Mundial de saúde, 1 a cada 3 mulheres sofreram violência doméstica, física ou psicológica na sua vida. Dados do site Kids data mostram que 1 em 4 mulheres já sofreram violência doméstica e 1 em cada 10 homens já abusaram de suas parceiras fisicamente ou psicologicamente. Segundo o site Nacav, 1 em cada 4 mulheres e 1 em cada 7 homens, já sofreram violência doméstica, física ou psicológica na sua vida. as estatísticas são baseadas em dados oficialmente relatados, mas nesses casos grande parte dessa violência fica oculta no ceio da família e as vítimas sofrem anos de suas vidas de abuso físico e psicológico.

A vítima de violência psicológica, Mara Castilho, descrita nos capítulos seguintes sofre cinco dos seis tipos de violência psicológica.

A imagem e a auto-estima denegrida quando o agressor, Joao Castilho, constantemente diz para todos que Mara Castilho tem Mal de Alzheimer, sem a mesma ter essa doença, dentre ouras ofensas em relação a aparência e a inteligência de Mara Castilho;

Ameaças verbais quando o agressor ameaça de vender casa, ameaça quebrar coisas e bens de Mara Castilho;

Agressões verbais ao chamar Mara castilho de burra, otária, dentro outros nomes além de gritar e quebrar coisas dentro de casa;

Restrição de liberdade pessoal ao não permitir que a Mara Castilho receba telefonema de amigos, filhos ou mesmo visite netos;

O caso de Mara Castilho é um dos milhares de casos de vítimas de violência psicológica negligenciados pela justiça e pela sociedade há anos.

O Livro descreve a luta de Carlos Castilho para tentar ajudar a mãe Mara Castilho contra as violências sofridas de Joao Castilho durante mias de 40 anos.

2.0 A FAMILIA CASTILHO

Para entender o contexto do drama da família Castilho, é necessário entender a vida e o perfil psicológico dos personagens que serão descritos por Carlos Castilho a seguir.

2.1 A vítima de violência doméstica: Mara Castilho

Mara Castilho nasceu em meados da década de 50, em um país da Amarica Latina, e por sorte ou azar jamais conheceu sua família. Mara Castilho viveu com outras famílias ate conhecer João Castilho com quem casou e teve dois filhos, Carlos Castilho e Luciana Castilho.

Mara Castilho, por ser de origem humilde, teve que trabalhar desde cedo, e começou a estudar somente aos 18 anos, porém, mesmo com a desvantagem dos estudos tardios, sem nenhum apoio familiar e vivendo na sociedade machista das décadas de 70 e 80, conseguiu se formar em direito esse tornou Advogada do governo Federal, um dos cargos máximos dentro da carreira de advogados naquele pais. O que mais tarde será o Karma de Mara Castilho.

Mara Castilho, desde que me conheço como gente, foi sempre muito querida por colegas de trabalho, vizinhos, familiares e amigos. Se puder definir Mara Castilho em uma palavra eu diria " Amor ao Próximo".

Me lembro da época de infância, minha Mãe Mara Castilho preparando um jantar extra, e perguntava: Mãe para que você está fazendo o jantar novamente? Ela respondia: Isso não é para vocês não, esse jantar é para aquela família que mora la embaixo perto do Rio e precisa de ajuda.

Me lembro de minha Mãe Mara Castilho, cobrir mendigos na Rua, me lembro de mina Mãe Mara Castilho, depois de trabalhar o dia inteiro estudar para provas da faculdade, me lembro do dia que minha Mãe Mara Castilho se formou em Direito. Me lembro da minha Mãe Mara Castilho, ser promovida a Advogada do Governo federal.

Me lembro de minha Mãe Mara Castilho ajudando familiares a se formar a estudar. Me lembro quando meu Primo Edgar foi preso. Era como um irmão para mim. Apesar de não ser seu parente de sangue, minha Mãe Mara Castilho foi a única que deu assistência jurídica para ele e foi visitá-lo no presidio.

Minha Mãe Mara Castilho ajudou muita gente na vida, por isso, vizinhos, familiares, colegas de trabalho, todos gostam muito dela e sempre lembram dela.

Minha Mãe Mara Castilho sempre foi meu grande exemplo de perseverança, honestidade e bondade, de não querer jamais o mal do próximo, de não invejar nada dos outros, ser justo e ajudar ao próximo, sempre que tiver ao seu alcance.

Mara Castilho tinha algumas características, que no futuro se mostraria uma grande vulnerabilidade ao inimigo dentro de casa. Mara Castilho não aceitava ajuda, nao admitia que não tinha capacidade de lhe dar com um problema e ocultava o máximo os problemas vividos dentro de casa, mesmo para amigos mais íntimos.

Mara Castilho costumava dizer sempre que estava tudo bem, o importante é estar com saúde, o resto entrega nas mãos de Deus. O que toda pessoa infeliz na américa latina costuma dizer.

Mara Castilho, apesar do bom nível intelectual, culturalmente é católica e uma mulher conservadora com a mentalidade da década de 50, onde as mulheres acreditam que devem manter o casamento a qualquer custo.

De todas as pessoas que Mara Castilho mais ajudou, sem dúvida, foi seu marido João Castilho, o inimigo dentro de casa, que aos 50 anos, por consequência de sua profissão quase morreu devido a vários problemas de saúde. Ajudou a ele se formar também em direito, que por falta de inteligência e competência nunca exerceu essa profissão. E mesmo assim, ele sempre foi o inimigo dentro de casa.

Mara Castilho esta atualmente com a saúde debilitada principalmente pela violência psicológicas sofridas pelo inimigo dentro de casa, João Castilho, que se intensificaram nos últimos 5 anos. O leitor irá entender o porque no próximo capitulo A família Castilho.

2.2 O inimigo dentro de casa: João Castilho

Quando falo inimigo dentro de caso, me refiro a pessoa no ceio familiar que abusa fisicamente e psicologicamente de outra e destrói os laços dos membros familiares dentro da família. Para entender por que João Castilho se tornou o inimigo dentro de case é preciso entender um pouco da história e do perfil psicológico de João Castilho.
João Castilho também nasceu da década de 50, em um país da Amarica Latina, teve cinco irmãos, que herdaram de seu pai materno uma fortuna rateada entre eles, que os permitiu viver sem necessidade de trabalhar durante a vida.
João Castilho, não recebeu nenhuma parte dessa fortuna, o que reclama até hoje depois de quase 80 anos de Nascido, em qualquer conversa de mais de 10 minutos. João Castilho foi criado em uma família onde seu Pai era autoritário, abusava física e psicologicamente dos filhos, com agressões físicas e verbais. O que foi uma escola para João Castilho que usou do mesmo método com sua família. O pai de João Castilho, abandonou sua Mãe, e foi morar com outra. O que ainda é muito comum nos dias de hoje na América Latina.
João Castilho cresceu nesse drama familiar, que era comum na grande maioria das famílias da America Latina nas décadas de 50 e 60.

Porém, diferente da grande maioria dos Latinos Americanos, que superam suas dificuldades vividas na infância e não cometem os mesmos erros que seus pais cometeram no passado, João Castilho cresceu com revolta de todos ao seu redor. Revolta de seus parente por ter herdado uma herança de seu pais e ter a oportunidade de viverem uma vida tranquila sem ter que fazer muito esforço como ele, revolta e inveja de todas aqueles familiares, vizinhos, colegas de trabalho que tiveram sucesso, revolta e inveja da sua esposa Mara Castilho, que obteve sucesso profissional que ele, da sua esposa, que apesar de tanto ter lhe ajudado, de mesmo ter salvado sua vida várias vezes e ter ficado ao seu lado quando ele mais precisou, quando estava muito doente berando a morte. Revolta e inveja de seu filho Carlos Castilho, que teve sucesso profissional internacional. Revolta e inveja de sua filha Luciana Castilho, que não quis fazer o que ele mandava, mesmo assim seguiu sua vida feliz, rodeada de vizinhs e amigos, algo que Joao nunca conseguiu ter.

Na América do sul dizem que os contrários se atraem e um casal tem mais chance de dar certo quando são opostos. De fato, isso socorre, quando um dos dois está disposto a pagar um preço por isso, e no caso de Mara Castilho, ela pagaria um preço muito alto por isso.

João Castilho é o oposto de Mara Castilho, se ao definir Mara Castilho com uma palavra, Carlos Castilho diria " Amor ao próximo", João Castilho pode ser definido como "Inveja e ódio ao próximo".

Mas o leitor deve se perguntar se esse perfil de João Castilho é de fato tão negativo assim mesmo. Se João Castilho não foi um bom Pai, ou que dizemos na América Latina, um bom Chefe de família.

Carlos Castilho, diria que, João Castilho foi um bom chefe de família. Na América Latina na década de 50 a 80 existia o conceito de Chefe de Família, O patriarca, chamado chefe de família tinha por obrigação botar o sustento dentro de caso, trabalhar para pagar as contas. E como bom chefe, decidir o que filho, esposa deveriam fazer, onde iriam estudar, e até com quem os filhos iriam se casar.

Por outro lado, o chefe de família não devia explicações a ninguém se chegasse tarde em casa ou mesmo se não dormisse em casa. Como nessa época não existia o conceito de assédio moral e violência psicológica no trabalho, ou em casa, chefes eram autoritários e abusavam fisicamente e psicologicamente de suas esposas e filhos. Nas décadas de 80 e 90, esse conceito de chefe de família mudou muito nas famílias sul-americanas, mas os Chefes de famílias, que foram criados por chefes de família, ainda permaneciam com o mesmo conceito de famílias, ou seja, o chefe de família tinha uma esposa e meus filhos, que são sua família, e ele era o chefe, e o chefe manda. Em um dado momento, nas décadas de 80 e 90, os filhos passaram a ter muito mais liberdade nas suas escolhas, porém as esposas, somente algumas delas, e somente aquelas que, eram independentes economicamente do seus maridos, passaram a ter alguma liberdade. Apesar de ser independente financeiramente, esse não foi o caso de Mara Castilho, que é dependente psicológica de João Castilho como a grande maioria das mulheres que nasceram na América Latina nas décadas de 50 e 60.

Eu Carlos Castilho, me lembro inúmeras vezes em que João Castilho gritava e era totalmente agressivo comigo, minha irmã Luciana Castilho e Minha Mãe Mara Castilho. Me lembro inúmeras vezes de ver minha Mara castilho chorando pelas agressões psicológicas feitas por João Castilho. O memo aconteceu com Luciana Castilho. Mas isso vai ser contado em detalhes no próximo capítulo, A Família Castilho.

Uma característica marcante de João Castilho é a diferença de comportamento que ele tem com estranhos comparado com o comportamento que ele tem com familiares, principalmente os membros da família Castilho. Alguns dizem que Joao Castilhos é bipolar. Se você perguntar na academia de ginastica que João Castilho frequenta, eles vão dizer que ele é muito educado e gente boa, o mesmo em qualquer outro lugar que ele frequente a pouco tempo, onde as pessoas não o conheçam de verdade.

A segunda característica de João Castilho é que ele se julga muito inteligente, mesmo sem ter estudado muito na vida, sem ter o hábito da leitura, sem ter feio qualquer curso, sem ter aprendido nenhum idioma estrangeiro, sem ter viajado e conhecido outras culturas no exterior, ele é o tipo da pessoa que tem opinião sobre tudo e sobre todos. O típico ignorante Latino-Americano.

2.3 O filho: Carlos Castilho

Carlos Castilho nasceu da década de 80, em um país da Amarica Latina, atualmente é casado e tem dois filhos. É o filho mais novo de Mara Castilho e João Castilho.

Ao definir Carlos Castilho com uma palavra, eu diria "Alegria". Carlos Castilho sempre foi alegre e engraçado, dentre os amigos da escola, universidade, e trabalho, sempre foi considerado um amigo engraçado e divertido. Como Mara Castilho sempre disse, você puxou muito de mim meu filho. Isso significa, grande exemplo de perseverança, honestidade e bondade, de não querer jamais o mal do próximo, de não invejar nada dos outros, ser justo e ajudar ao próximo, sempre que tiver ao seu alcance.

Carlos Castilho teve a oportunidade de estudar em ótimos colégios, assim como Luciana Castilho, e a partir de 14 anos de idade começou a estudar seriamente para ingressar em concursos públicos. Universidades, Mestrado, Doutorado. Carlos Castilho se tornou um dos mais bem sucedidos profissionalmente e financeiramente de sua família, saiu da América Latina e foi morar no exterior, onde manteve seu sucesso profissional.

Apesar de seu sucesso profissional e financeiro, Carlos Castilho jamais esqueceu seu ex-amigos de trabalho, que ajudaram a tingir seu sucesso, jamais esqueceu seus amigos de infância. De colégio da Universidade, jamais esqueceu seus professores.

Carlos Castilho sempre teve uma relação mais próxima de Mara Castilho, alguém que sempre apoiou. Também sempre tentou ter uma boa relação com seu pai materno João Castilho. Mas quando isso mudou?

Em 2013, ao conversar com Luciana Castilho e Lucia Castilho, ele percebeu que algo estava errado. De fato, ao receber uma visita de Mara Castilho e João Castilho, em sua casa no exterior, notou Mara Castilho muito triste, não existia mais quela alegria e o mesmo sorriso de sempre, Sua Mãe, Mara Castilho chorou conversando com ele.

Em um dado momento, um filho que tinha um ótimo relacionamento com Mara Castilho e João Castilho teria que se posicionar e fazer valer a justiça contra as violências psicológicas sofridas por Mara Castilho. Em um dado momento, Carlos Castilho seria o único a combater o inimigo dentre de casa, João Castilho e tentar salvar a vida de sua Mãe Mara Castilho.

2.4 A Filha: Luciana Castilho

Luciana Castilho nasceu da década de 70, em um país da Amarica Latina, atualmente é casada e tem uma filha. È a filha mais velha de Mara Castilho e João Castilho.

Ao definir Luciana Castilho com uma palavra, eu diria "Extroversão". Luciana Castilho sempre foi extrovertida, sempre falou e se comunicou com todas as pessoas no colégio, com vizinhos com parentes.

Luciana Castilho teve sua filha, quando era muito jovem, e apesar da insistência de João Castilho pelo aborto, Luciana Castilho, para manter sua gravidez teve que fugir de casa. O que afetou sua vida para sempre.

De fato, o que levou Luciana Castilho sai de casa foi uma agressão física sofrida durante uma discussão com João Castilho, em que o inimigo dentro de casa, o chefe de família, ao ser enfrentado, deu um tapa na cara de Luciana Castilho, que chegou a cair no chão.

Na opinião de Carlos Castilho, Luciana Castilho estava errada em ter engravidado de um Cara que não era um bom elemento, eu sei que Luciana Castilho estava criando problemas para a família, mas aquela agressão foi muito errada, Carlos Castilho se sentiu muito mal por Luciana Castilho, ficou muito triste de não poder fazer nada. Carlos Castilho perdeu Luciana Castilho depois daquela agressão, nada seria como era antigamente depois daquela agressão.

Apesar de não viver mais em casa, Luciana Castilho teve todo suporte financeiro de Mara Castilho. Apesar disso, Luciana Castilho jamais se dedicou a uma carreira especifica e viveu a grande maioria parte da sua vida com a ajuda financeira de sua Mãe Mara Castilho.

O Fato de depender financeiramente de sua Mãe Mara Castilho, gerou uma preocupação excessiva por parte de João Castilho, que ao chegar na terceira idade, passou a se preocupar demasiadamente com o dinheiro que ele possivelmente herdaria e sua Esposa Mara Castilho no futuro, caso a mesma viesse a falecer primeiro que ele. O que iria virar uma obsessão.

Essa falta de iniciativa em fazer algo de sua vida e preferir viver das ajudas de sua Mãe, Mara Castilho, desgastou em muito o relacionamento de Mara Castilho com João Castilho.

De fato, os problemas trazidos por Luciana Castilho afetaram também em muito a saúde de Mara Castilho ao longo dos anos. Porém apesar de todo as atitudes e comportamentos errados, apesar de viver as custas da Mãe Mara Castilho, Luciana Castilho jamais praticou violência física ou verbal contra Mara Castilho.

De fato, essa dependência econômica de filhos e pais ou avós ainda é muito comum nos países latinos, devido a crises econômicas e social.

De fato, na opinião de Carlos Castilho, se Mara Castilho tomou a decisão de dar dinheiro para Luciana Castilho durante toda a vida, é o direito dela, Mara Castilho tem o direto de fazer o que quiser com seu dinheiro. Se ela optou em ajudar a filha, ou algum amigo, isso é problema dela.

Mas João Castilho nunca pensou assim, o que criou uma séria de brigas e desentendimentos.

A importância da personagem de Luciana Castilho nessa história é que ela conviveu e presenciou a maioria da violência psicológicas sofridas por Mara Castilho de seu Marido João Castilho, durante a terceira idade, o que vai ser descrito no capítulo, a família Castilho.

2.5 A neta mais velha: Lucia Castilho

Lucia Castilho nasceu da década de 90, em um país da Amarica Latina, atualmente é solteira. È a filha de Luciana Castilho.

Ao definir Lucia Castilho com uma palavra, eu diria "Dissimulação". Lucia Castilho foi criada por Luciana Castilho, que não foi boa filha e consequentemente, não foi boa mãe.

Apesar disse, Mara Castiho tentou de tudo para ajudar Lucia Castilho, a não seguir o mesmo caminho que Luciana Castilho, seguiu na vida, ou seja caminho nenhum.

O conceito de bom filho e boa Mãe pode ser definido como alguém que dá orgulho aos seus pais no primeiro caso e alguém que faz o melhor para seus filhos no segundo caso. Luciana Castilho fez sempre o mínimo como filha e como mãe. E nesse contexto de falta de um bom exemplo dentro de casa, sem Pai e com as constantes agressões verbais e brigas de João Castilhos e Luciana Castilho, Lucia Castilho cresceu desorientada e sem um bom exemplo a seguir. Mesmo tendo o excelente exemplo de Mara Castilho, que sempre deu suporte psicológico e financeiro para Lucia Castilho.

Carlos confessa que gostaria de ter tido uma avó como Mara Castilho.

De fato, apesar desse ambiente conturbado, Mara Castilho, sempre deu apoio psicológico, suporte financeiro e fez de tudo para que Lucia Castilho se dedicasse e fizesse uma escolha de vida melhor que sua Mãe Luciana Castilho fez na vida, o que não aconteceu.

Lucia Castilho também nunca se dedicou em nada na vida de forma que se tornou dependente financeiramente de Mara Castilho, o que causou um desgaste ainda maior entre o casal Mara Castilho e João Castilho.

A importância da personagem de Lucia Castilho nessa história e que ela também conviveu e presenciou a maioria da violência psicológicas sofridas por Mara Castilho de seu Marido João Castilho, o que vai ser descrito no capítulo, a família Castilho.

Lucia Castilho cotou um a vez para Carlos Castilho, o tenebroso Plano de João Castilho para controlar o dinheiro de Mara Castilho, o que será contado em detalhes no capítulo a família Castilho.

3.0 FAMILIA CASTILHO: DA INFANCIA DOS FILHOS A TERCEIRA IDADE DOS PAIS.

Esse capítulo irá descrever a vida da família Castilho ao longo dos anos pela experiência vivida por Carlos Castilho na sua infância, juventude, vida adulta e convivência com Mara Castilho na sua terceira idade. Os fatos relatados terem como principal objetivo descrever as condições que criaram o inimigo dentro de casa e as violências psicológicas sofridas pela vítima Mara Castilho.

Família Castilho: A Infância

Carlos Castilho conta que teve uma infância muito feliz. Como toda criança da América Latina, A maior parte do tempo jogava futebol com seus amigos e brincava na rua.

Carlos Castilho lembra que, tanto Mara Castilho quanto João Castilho trabalhavam fora e ele costuma passar parte do tempo com vizinhos e parentes que o tratavam com muito carinho.

Carlos lembra da paciência e o carinho que Mara Castilho sempre tinha com ele e Luciana Castilho.

Mara Castilho, era uma das poucas Mães que trabalhava fora na vizinhança, e apesar disso, sempre deixava a comida pronta, as roupas lavadas, não me lembro nunca de algo ter faltado para mim quando era criança.

Apesar disso, me lembro de João Castilho gritando por causa de uma comida, que não era aquela que ele esperava, ou uma roupa que não estava ainda passada, me lembro que Mara Castilho chorava, mas ela dizia, que João Castilho agia assim por causa do seu trabalho, porém, ele estava melhorando.

Durante a infância, costumávamos a visitar amigos e familiares de Mara e João. No caso dos Amigos, era mais comum visitar os amigos de Mara Castilho, porque João Castilho não tinha quase amigos. Mas no caso de familiares, visitávamos mais os familiares de João Castilho, porque Mara Castilho não tinha familiares.

João Castilho na verdade só tinha um amigo de infância, que Carlos Castilho gostava muito e considerava seu Tio. Esse amigo costumava nos visitar e também costumávamos ir muito na casa dele. Ele jogava futebol da Rua e dava presentes que Carlos Castilho adorava. Os ouros amigos de João Castilho foram todos temporário, pois ele acabou brigando com todos eles. Cedo ou tarde dizia que eles não prestavam.

Me lembro do Mecânico de Automóveis Silva, que consertava o carro de João Castilho, costumávamos ir nas festas de aniversários de seus filhos. Me lembro uma vez, que João Castilho constrangeu Mara Castilho e gritou com ela na frente de todos, que queria ir embora. João Castilho acabou brigando com Silva, dizendo que o Silva não valia nada.

Outro amigo de João Castilho, que me lembro era o Pedro, que morava na Rua ao lado e costumava nos visitar aos Domingos. Ele costumava ir com a esposa no final das tardes de Domingo. João Castilho acabou perdendo contato com Pedro e seu Pai quando eles se mudaram, ele dizia que Pedro era chato e vivia as custas da esposa. Pedro acabou sabendo e nunca mais procurou João Castilho depois disso. Apesar de ser amigo de João Castilho, depois de alguns meses, quando João Castilho perdeu interesse pelo seu amigo, foi Mara que continuou recebendo e mantendo a amizade de Pedro, sua esposa e seu Pai.

Outro amigo de João Castilho era o Marcos, que vinha sempre também aos domingo com a namorada visitar João Castilho. Marcos bebia muita cerveja e gostava muito de conversar. Depois de algum tempo, me lembro que João Castilho ia dormir e deixava o casal esperando por ele. Porém era Mara Castilho que manteve a amizade por um tempo. João Castilho passou a fingir que não estava em casa quando Marcos o visitava, João Castilho dizia que era um absurdo um trabalhador das docas ganhar um salário maior que o dele.

No caso de Mara Castilho, ela tinha muitos amigos e a grande maioria deixou de nos visitar por causa do comportamento de João Castilho, que praticamente não gostava de nenhum deles, mas na presença deles, os tratava como se gostasse deles.

Dentre os amigos de Mara, um em especial era o Souza. O Souza foi estagiário de Mara Castilho no trabalho e ela o considerava como um filho. Quando Mara Castilho se aposentou ela passou a ser sócia de Souza em um escritório de advocacia.

Souza era casado e tinha uma filha. Souza de fato era um grande amigo, me lembro de passar feriados e féria na casa de praia dos pais de Souza, onde era muito bem tratado por todos. Souza era o tipo de pessoa que ante de você pedir ajuda, eles estava lá pra te ajudar. Todo mundo gostava muito do Souza, que também passou a ser meu amigo. Na verdade, Souza era um amigo que todo mundo queria ter. Menos João Castilho. Apesar de João Castilho ter frequentado a casa de Praia dos Pais de Souza, ter pedidos vários favores para Souza, vivia falando mal de Souza e sua família, como costumava fazer com todos. Isso piorou muito depois que João Castilho descobriu que Mara Castilho emprestou dinheiro para Souza. Souza teve um problema de coração e faleceu ainda novo. O que foi um grande impacto para Mara Castilho, foi como perder um filho, para Carlos Castilho, foi como perder um irmão, mas para João Castilho, foi até bom. Pois Mara Castilho, não teria mais alguém para ajudar financeiramente.

Mara Castilho tinha vários outros amigos e amigas, pessoas que trabalharam com Mara Castilho no passado, vizinhos e até parentes de João Castilho que sempre foram muito agradecidos pelas ajudas de Mara Castilho. Porém, por causa do comportamento de João Castilho, essas pessoas foram se afastando de Mara Castilho, mas alguns nunca deixaram de ligar para Mara, que depois passou a ter o telefone controlado pro Joao Castilho.

Uma grande amiga de Mara Castilho era Andrea, que tinha trabalhado com Mara Castilho. Carlos disse que quando era criança, Mara Castilho lhe levava para o trabalho, quando não tinha onde deixar o pequeno menino Carlos Castilho, e o escondia no escritório de Andrea, que administrava medicamentos para pacientes. Carlos Conta que brincava com as caixas de remédios e as vezes era transferido escondido de um departamento para outro. Os Colegas de trabalho de Mara ajudavam a esconder o menino Carlos Castilho de sua chefe dentro do trabalho.

Andrea teve um filho dependente químico, que Mara Castilho tentou sempre ajudar, mesmo depois da morte de Andrea.

Porém, João Castilho também não gostava de Andrea, mas essa ele permitia que visitasse Mara Castilho, que foi recebendo cada vez menos visita ao passar dos anos.

A família de João Castilho, principalmente seus irmãos tiveram sempre um relacionamento conturbado, com problemas do passado e intrigas geradas sem motivo aparente. De fato, os irmãos de João Castilho tinham o perfil muito parecido com o dele, arrumavam problema com quase todo mundo, quase ninguém prestava e falavam mal de todos da família. A grande maioria dos irmãos não gostavam de Mara Castilho sem motivo e nunca a trataram bem, com exceção de dois deles, Alberto e Rosa.

Alberto era casado com Janaina e tinha dois filhos que eram mais velhos que Carlos Castilho, o Tio

Alberto e a Tia Janaina eram como um pai e mãe para Carlos Castilho, que o amava como um filho. De fato, Carlos Castilho passava sempre muito tempo na casa de seu Tio Alberto e sua Tia Janaina, que o tratava como um filho. Os Filhos de Alberto e Janaina, eram Edgar e Carina, que eram verdadeiros irmãos de Carlos e Luciana Castilho.

Por conviver juntos, existem várias situações e constrangimento gerado por João Castilho, gritando com Carlos Castilho ou Luciana Castilho, ou mesmo Mara Castilho, o que naquela época era comum um Chefe de Família fazer.

A outra irmã de João Castilho, Rosa, também adorava Mara Castilho e os filhos Carlos e Luciana Castilho. Ela e o Marido Vasques, tratavam Carlos e Luciana como netos. Rosa e Vasques tinham um filho Reinaldo, que era bem mais velho que Carlos e Luciana Castilho.

Carlos Castilho tem várias boas recordações das férias que passava com seus tios Rosa e Vasques, dos dias juntos na praia, quando seu Tio Vasques soltava pipa na praia com Carlos, ou jogava futebol na Rua. Carlos se lembra passar Natal e Ano novo junto com seus tios Rosa e Vasques.

Porém uma briga entre Vasques e João Castilho afastaram as duas famílias por anos, que voltaram a se reencontrar anos depois. Porém, a amizade entre a família sempre permaneceu, principalmente pelo lado de Mara Castilho, Vasques, Rosa, Carlos Castilho e Luciana Castilho.

Um outro sobrinho de João Castilho chamado Jairo, foi próximo a família Castilho por muitos anos. Jairo era padrinho de Carlos Castilho e apesar de morar longe de Carlos Castilho, sempre manteve contato e visitou Carlos Castilho desde a infância. Jairo era casado com Sonia e tiveram duas filhas, Bruna e Paula, que tinham a idade de Carlos Castilho. Apesar da distância e das poucas oportunidades de contato durante a infância, na fase adulta elas seriam grandes amigas do primo Carlos Castilho. Jairo era um homem que vivia pela família, passou por difíceis momentos na vida, mas uma palavra que defini Jairo é "perseverança", mesmo nos momentos mais difíceis, nunca reclamava da vida. Mara Castilho dizia que Jairo era o sobrinho que ela mais gostava, mas apesar disso, uma intriga de João Castilho afastou Jairo e sua família de Mara Castilho.

Apesar do convívio com parentes e alguns amigos, era com vizinhos que a família Castilho tinha contato diário.

Carlos Castilho tinha muitos vizinhos e quando criança brincava na Rua, o que era comum na América Latina dos anos 80. Porém dois vizinhos eram bem próximos. Dois irmãos Leandro e Fabricio, eram os grandes amigos de Carlos Castilho. Leandro era como se fosse o irmão mais velho de Carlos Castilho. Carlos aprendeu a soltar pipa com Leandro, Leandro fazia festas e deixava o pequeno Carlos ir às festas mesmo sendo pequeno, para dançar, Leandro levava Carlos Castilho e Luciana Castilho para o Colégio quando eles estavam atrasados, Leandro sempre defendia Carlos Castilho na Rua, quando outros garotos maiores o ameaçavam. Leandro adorava Carlos Castilho. Leandro se divertia muito com o pequeno Carlos Castilho e sempre perguntava" Carlos vc casaria com sua Irma" e Carlos respondia, não, ela muito feia.

Se Leandro era o irmão mais velho, Fabricio era o irmão da mesma idade, Fabricio não soltava pipa nem jogava bola, mas andava de bicicleta como ninguém, Fabricio e Carlos tem várias aventuras de bicicleta juntos, costumavam a sair do bairro onde moravam e ir longe, tendo que fugir de ladrões e mendigos que os perseguiam.

Apesar da amizade e dos pais de Leandro e Fabricio adorarem Carlos Castilho e Luciana Castilho, João Castilho nunca deu sossego para o Pai de Leandro e Fabricio, Dorival, que tinha uma oficina dentro da sua casa. Como João Castilho ja gostava de uma briga, os barulhos de carro, era um prato cheio para João Castilho criar vários problemas.

Outros vizinhos que eram bem próximos da família Castilho era o Sr Dario e a Sr Lucélia, que mesmo idosos, costumavam cuidar de Carlos e Luciana Castilho, quando Mara Castilho tinha que trabalhar e não tinha com que deixar suas crianças.

O Sr Dario e a Sra Lucélia tinham vários filhos, em especial Tania, casado com Osório e Paula casada com Arlindo. O primeiro casal sempre cuidava de Carlos e Luciana Castilho, o segundo casal tinham dois filhos, Ronaldo e Elise. Ronaldo e Elise eram grandes amigos, verdadeiros primos de Carlos e Luciana Castilho.

Mara Castilho foi sempre muito grata pela ajuda de Tania, Osorio, Paula e Arlindo e sempre ajudava como amiga e advogada, apesar dos protestos de João Castilho, que achava que os amigos e vizinhos que tanto os ajudaram tinham que pagar pela ajuda, o que Mara Castilho nunca o fez.

Nesse ambiente de família, convivendo com parentes, alguns poucos amigos e vizinhos, Carlos Castilho teve sua infância presenciando várias agressões verbais de João Castilho a sua Mãe Mara Castilho. Apesar as agressões, Mara Castilho sempre tentou manter a família junta e se sacrificou relevando todas as agressões verbais de João Castilho.

Luciana Castilho, a filha mais velha, apesar de ser motivo de orgulho para os pais durante a infância por ser a melhor aluna da escola, diferente de Carlos Castilho, que era sempre o pior aluno, sofria constante agressões verbais na rua, em supermercados, em restaurantes. João Castilho estava sempre muito nervoso, mas nunca tinha paciência com a filha, com as mínimas coisas e por qualquer motivo, gritava com ela na frente de todos e a constrangia. Para Carlos Castilho, as vezes era até engraçado, Carlos já sabia da falta de paciência de João Castilho e não o contrariava ou pedia nada quando sai com ele na Rua.

Mas João Castilho tinha muito mais paciência com Carlos Castilho, o filho homem, apesar de Carlos Castilho ser bagunceiro e aprontar muito em casa e no colégio.

Naquela época, os pais agrediam fisicamente seus filhos quando os memos cometessem algum ato de desobediência ou quebrassem alguma coisa dentro de caso.

Carlos Castilho conta que apanhava de seu Pai, quando o desobedecia e saia para jogar futebol na Rua, quando estava proibido. Ou quando quebrava algo dentro de casa como um botão da Televisão, o telefone, um rádio ou caso fosse questionado sobre algo e respondesse no mesmo tom.

Já Mara Castilho, jamais bateu nos seus filhos, Carlos Castilho conta que só foi agredido uma vez por sua Mara Castilho, que se arrependeu profundamente.

Ainda na infância de Carlos Castilho, João Castilho ficou muito doente e chegou a berar a morte e se não fosse pela perseverança de Mara Castilho, a ajuda do amigo Silva e o apoio dos filhos Carlos Castilho e Luciana Castilho, João Castilho não teria sobrevivido tanto tempo, porém por outro lado, jamais teria tido a oportunidade de se tornar mais tarde, o inimigo dentro de casa.

Carlos Castilho confessa que, olhando para traz, teria sido muito melhor para a família Castilho se João Castilho não tivesse sobrevivido aquela doença, com certeza a família seria muito mais feliz e ainda estaria unida hoje. Principalmente a vida de Mara Castilho teria sido muito melhor sem João Castilho.

3.2 Família Castilho: A Juventude

Carlos Castilho passou a se dedicar aos estudos na juventude, e de pior aluno na infância, passou a ser não só um excelente aluno, mas um aluno que passava em concurso para as melhores escolas e universidades do país.

Por outro lado, Luciana Castilho, que na infância, orgulhava seus pais de ser uma excelente aluna, na juventude começou a conhecer outros jovens no colégio e fora do colégio, o que mudaria sua vida para sempre.

Luciana Castilho ainda adolescente engravidou de seu namorado, e fugiu de casa após uma discussão com João Castilho, quando João deu um tapa no rosto de Luciana Castilho.

A partir desse dia, Luciana Castilho e seu namorado passaram a viver em casa de amigos e parentes. Luciana logo se separou do namorado e passou a criar a filha sozinha com a ajuda de Mara Castilho.

Anos mais tarde, o namorado de Luciana Castilho viria a ser assassinado por envolvimento com drogas.

Essa situação iria desgastar o relacionamento de Mara Castilho e João Castilho ao longo dos anos. João Castilho e Mara Castilhos nunca chegaram em um consenso em relação a política que deveriam adotar com a filha Luciana Castilho. João Castilho defendia a ideia que se deveria dar o mínimo para Luciana Castilho, mas Mara Castilho, sempre sentia pena de sua filha e tinha esperança que, ela daria a volta por cima e voltaria a dar orgulho aos pais como na infância, o que jamais ocorreria novamente na vida.

Luciana Castilho sempre soube tirar proveito dessa situação, explorando o máximo a bondade da mãe, assim como sua filha Lucia Castilho, que seguiria um caminho bem parecido.

Por outro Lado, Carlos Castilho progredia passando em concursos para as melhores escolas e Universidades e viria a se formar nas melhores universidades do País e seguindo mais tarde uma carreira de sucesso na América Latina e no exterior.

Mara Castilho teve seu êxito profissional nessa época e foi promovida a um alto cargo de Advogada no Governo federal. Agora com o alto salário, Mara Castilho passou a ajudar ainda mais Luciana Castilho, o que causou ainda mais desavenças com João Castilho.

Porém, Mara Castilho nunca foi apegada a bens materiais e como prova disso, comprou um terreno na Montanha para João Castilho, onde construiu uma casa de acordo com o gosto de João Castilho. A Casa era em uma região nobre e tinha um terreno enorme, com área verde, arvores e terreno gramado.

Além disso, Mara Castilho sempre comprou carros novos para João Castilho, que não deu nenhum suporte para Mara Castilho dirigir come ela sempre quis. Mesmo depois que Mara Castilho tirou a carteira de motorista, ela foi proibida de dirigir os carros que tinha comprado com seu próprio dinheiro.

João Castilho dizia para todos que não conheciam seu passado, que ele era um homem de sucesso, que era Doutor, mesmo sem Doutorado, e que tinha conseguido todos esses bens e carros, o que as pessoas acreditavam, pela maneira como João Castilho se vestia e falava e pela humildade de Mara Castilho.

A bondade de Mara Castilho em ajudar a todos com seu dinheiro foi início da revolta e ira de Carlos Castilho que no futuro se tornaria uma obsessão.

Nessa época, Carlos Castilho dava seus primeiros passos para independência financeira cursando faculdade federal, que precisava apenas que Mara cobrisse os custos de alimentação e transporte, o que ele seria grato pelo resto da vida.

Nessa fase, o relacionamento de Carlos Castilho e Luciana Castilho se deteriorou completamente. Carlos Castilho não aceitava a atitude da irmã, que causava problemas para família Castilho há anos. Porém essa não seria última decepção de Carlos Castilho com Luciana Castilho.

3.3 Família Castilho: A Idade Adulta

Carlos Castilho na idade adulta se tornou independente e financeiramente após finalizar a faculdade e trabalhou nas duas maiores empresas do País durante seus primeiros 10 anos de carreira. Nesse tempo, Mara Castilho ajudou Carlos Castilho a comprar seu apartamento. No Caso de Carlos

Castilho, ele pagou de volta o dinheiro que havido pego emprestado com a Mara Castilho.

Após 10 anos, Carlos Castilho se casou e se mudou para o exterior. Após seu primeiro filho, Carlos Castilho tentou vender seu apartamento para comprar um imóvel no exterior.

Mara Castilho teve a ideia de ajudar o filho a comprar uma casa ou apartamento no exterior. Carlos Castilho aceitou a ideia depois da insistência de Mara Castilho em ajuda-lo. Após anos de tentativa de vender o apartamento comprado na América Latina, Carlos Castilho pediu a Mara Castilho que não precisava mais lhe dar dinheiro, pois a compra de uma casa no exterior não seria viável, sem a venda do apartamento na América Latina. Apesar de insistir em devolver o dinheiro dado por Mara, Mara Castilho não aceitou a devolução do dinheiro de Carlos Castilho.

Mara Castilho era procuradora e representante de Carlos Castilho na América Latina, porém com as inúmeras interferências inoportunas de João Castilho, Carlos Castilho deixou de vender seu apartamento na América Latina por várias vezes. Em uma das vezes, João Castilho foi até a imobiliária e disse para o comprador que ele teria que pagar algumas despesas adicionais, o que não era verdade, mas fez o comprador desistir da compra.

Esse fato prejudicou profundamente Carlos Castilho e sua família, se Carlos conseguisse vender o seu apartamento nessa época, ele teria possibilidade de comprar um apartamento no país onde morava no exterior. O que jamais ocorreria nos próximos anos da vida de Carlos Castilho e sua família no exterior. Mara Castilho comprou uma casa para a filha Luciana Castilho na América Latina. Além disso, Mara Castilho ainda emprestou dinheiro para amigos e parentes, ajudou muita gente, o que sempre desagradou a João Castilho, que de alguma forma, se achava dono do dinheiro de Mara Castilho.

Essa obsessão pelo dinheiro de Mara Castilho, além do complexo de inferioridade de João Castilho, transformou João Castilho no inimigo dentro de casa.

3.4 Família Castilho: A terceira Idade

Carlos Castilho recebeu a visita de Mara Castilho e João Castilho duas vezes no exterior, uma no seu casamento e outra quando foram visitar o filho de Carlos Castilho pela primeira vez.

Mara Castilho em uma conversa com Carlos Castilho confessou que estava muito infeliz, vivendo com João Castilho. Carlos Castilho já tinha inúmeras vezes pedido para João Castilho tratar Mara Castilho bem, como ela merecia, mas apesar das promessas de João Castilho, isso nunca aconteceu.

Após um ano, Carlos Castilho resolveu visitar Mara Castilho e João Castilho. Carlos Castilho notou que Mara Castilho estava muito infeliz. Também notou algo muito estranho, João Castilho tinha muito dinheiro dentro de casa. Ele alegava que esse dinheiro era para pagar contas e esse dinheiro era retirado da conta de Mara Castilho.

Carlos castillho pegou um empréstimo com Mara Castilho e pagou em seguida, porém a ajuda de Mara Castilho desagradou profundamente Joao Castilho, que agora estava obsecado por dinheiro.

Ao conversar com Luciana Castilho, ela confirmou o fato, disse que João Castilho estava obcecado por dinheiro e tinha proibido ela Luciana Castilho e Lucia Castilho de visitar Mara Castilho.

Em seguida, Carlos Castilho conversou com Lucia Castilho, a neta, e veio uma revelação que mudaria a relação de Carlos Castilho e João Castilho para sempre. Lucia Castilho disse ***"Carlos, João Castilho me mostrou a foto da massagista e disse que era amante dele. Além disso, disse que ia dar remédio para Mara Castilho, encostar ela em um canto e curtir a vida"***.

Essa revelação foi confirmada por Luciana Castilho e bateu com tudo aquilo que Carlos Castilho tinha presenciado. Inclusive a constante falsa história de João Castilho de dizer que Mara Castilho estava com Mal de Alzheimer.

Ao conversar com Mara Castilho, ela disse ter ido recentemente a Psiquiatria devido a insistência de João Castilho, porém a psiquiatra disse que ela estava muito bem.

Carlos Castilho acompanhava Mara Castilho semanalmente por telefone. Em uma dessas conversas, Carlo Castilho resolveu dizer toda a história que havia ouvido de Lucia Castilho para

Mara Castilho. Mara insistiu que estava tudo sobre controle, que João Castilho não teria como interditá-la, que João Castilho estava melhorando, o que toda essa história não era verdade.

A própria Mara Castilho, havia confessado várias vezes a Carlos Castilho que João Castilho saia alguns dias da semana cedo e voltava tarde a noite. O que comprova a história de Lucia em relação a suporta amante massagista.

Quando João Castilho soube que Carlos Castilho estava constantemente falando com Mara Castilho por telefone, ele passou a controlar o telefone de Mara Castilho, que ficava mudo por dias, passou a ler as mensagens do celular de Mara e até responder mensagens e e-mails, incluindo cartas que eram escritas por Joao Castilho e assinadas por Mara Castilho. O que preocupou profundamente Carlos Castilho, que diante da atitude cada vez mais suspeita de João Castilho.

Diante da situação, Carlos Castilho iniciou um processo na Justiça e contava com o apoio de Luciana Castilho e Lucia Castilho.

Daí a decepção. Lucia Castilho, jamais respondeu se seria ou não testemunha contra João Castilho. Luciana Castilho disse *"Eu não vou me meter, agora estava tendo a oportunidade de votar a frequentar a casa de Mara Castilho e João Castilho e não ia entrar em atrito com João Castilho novamente. Ainda disse que na América Latina a sociedade era maxista mesmo."*

Agora Carlos Castilho e Mara Castilho estavam sozinhos contra o inimigo dentro de casa. O que Carlos Castilho deveria fazer para que Mara Castilho aceitasse que ela tinha um inimigo dentro de casa.

Depois desse episódio, a situação de Mara Castilho só piorou. Carlos Castilho só conseguia falar com Mara Castilho quando João Castilho não estivesse dentro de casa. Mara Castilho havia perdido a privacidade e a liberdade.

Carlos Castilho havia comprado um notebook para Mara Castilho usar, se comunicar via e-mail e falar via Skype com os netos. Mas Joao Castilho a proibiu de usar. Carlos Castilho já havia pego um notebook que Mara teria comprado anteriormente e estava fazendo novamente. Um abuso de liberdade, que somente Mara Castilho achava ser normal.

A partir dessa situação, Carlos Castilho pediu para receber todos os documentos de seu apartamento, que teoricamente era administrado por Mara Castilho, mas na verdade era Joao Castilho que estava cuidando de tudo. Carlos Castilho passou novamente a pagar o condomínio pago por Mara Castilho, porém, recebeu exigência de João Castilho de receber pagamento em sua própria conta bancário, o que era muito estranho uma vez que, Mara Castilho seria a pessoa que deveria receber qualquer pagamento.

Carlos resolveu agir, agora planejou uma viajem para visitar Mara Castilho na América Latina. Como percebeu que provavelmente não teria acesso a

Mara Castilho facilmente, disse que enviaria um amigo que pegaria a chave e os documentos do apartamento e o mesmo amigo entregaria umas fotos dos filhos de Carlos.

Ao chegar no prédio, Carlos Castilho pediu para o porteiro chamar Mara Castilho e dizer que era o rapaz que iria entregar as fotos.

O Porteiro que estava no local, disse que a chave dentre outros utensílios já estava na portaria para ser entregue. Carlos Castilho percebeu que isso já era uma ação de João para evitar que a qualquer um subisse e entrasse no apartamento. Carlos insistiu e disse para o porteiro dizer que o rapaz queria falar com a Mara Castilho.

Mara Castilho demora demais e Carlos resolve subir. Ao tocar na casa de Mara Castilho, O filho espera na porta, algo muito estranho acontece, ninguém o convida para entrar. Uma mulher estranha aparece e diz que Mara Castilho estava se arrumando e já iria descer. Carlos Castilho desce para evitar qualquer problema.

Para surpresa de Carlos castilho, Mara Castilho desce com ajuda de uma mulher desconhecida agarrada no braço dela. Mara Castilho fica surpresa ao ver que O rapaz que queria falar com ela era seu filho Carlos Castilho. Mara Castilho abraça Carlos Castilho, e um pouco chocado com o estado de saúde da Mara Castilho, muito envelhecida e parecia com dificuldade de andar.

Carlos Castilho pergunta a Mara Castilho, se ela gostaria de ver os netos que vieram do exterior para conhecer a Avó.

No mesmo momento, a mulher desconhecida que desceu com Mara Castilho agarrada nos braços dela disse.

" Ela não pode sai sem mim, eu sou cuidadora e ela está com Mal de Alzheimer"

Aquilo para Carlos Castilho soava como uma trama de João Castilho, que há anos insistia que Mara Castilho estava com Mal de Alzheimer.

Carlos Castilho na hora questionou a estranha mulher e perguntou se ela era enfermeira, se ela tinha a procuração de alguém para impedir Mara Castilho de sair com seu próprio filho.

A estranha mulher que se dizia Cuidadora, ligou para João Castilho. João Castilho, o chefe de Família, aquele que sempre abusou psicologicamente dos filhos e da esposa, desceu e disse aos berros: **"Agora ela não vai a lugar nenhum porque eu não quero. "**

Mais uma vez, uma atitude autoritária, um abuso da liberdade de Mara Castilho. João Castilho pegou Mara Castilho pelo braço e a levou para o apartamento.

Carlos Castilho manteve a calma, ligou para a polícia, que depois de muita insistência, muita insistência, enviou uma viatura.

Ao conversar com os policiais, Carlos Castilho explicou a situação. Os policiais explicaram para Carlos Castilho, que se eles não tivessem autorização de Mara Castilho ou João Castilho para subir até o apartamento deles não poderiam fazer nada.

Agora Carlos Castilho tinha esperança de que, Mara Castilho iria finalmente tomar uma posição, ter coragem de dizer que queria sim ver os netos e fora impedida.

Uma coisa em comum em todos os países do mundo tem, é o amor dos avós pelos netos, nenhum avo ou avó do mundo, abre mão de ver os netos. Mesmo Osama Bin Laden, viveu seus últimos momentos com a família e os netos.

Mas João Castilho é o único do mundo, que não faz nenhuma questão de ver seus netos, jamais enviou uma mensagem de feliz aniversário, feliz natal, jamais enviou uma carta ou um presente para os netos.

Para decepção de Carlos Castilho, ao falar com Mara Castilho no celular na frente da Polícia ela disse, ao celular, não querer falar com a polícia, e ainda pior, deixou João Castilho tomar o telefone, como sempre de forma autoritária e gritar, ameaçar. Naquele momento Carlos Castilho percebeu que não tinha o que fazer, percebeu que a explicação dos policiais fazia todo sentido. Se Mara Castilho não manifestasse claramente a vontade de ver os netos, os policiais não podiam fazer nada. E era o que realmente estava acontecendo,

"Mara Castilho preferia não ver o filho e os netos para preservar seu relacionamento com João Castilho."

Um dia depois do acontecido, Carlos Castilho foi a delegacia de polícia e não consegui registrar queixa. Dois dias depois do acontecido, Carlos Castilho encontrou uma das testemunhas que estava no local do acontecido no prédio. Ele disse a Carlos Castilho que, após eu sair do prédio, João Castilho chamou a polícia novamente e a suposta cuidadora disse que Carlos Castilho o havia agredido fisicamente. João Castilho disse aos policiais que Carlos Castilho queria que Mara Castilho assinasse alguns papéis. Papéis ? Que papéis?

Carlos Castilho queria apenas que Mara Castilho visitasse os netos, um deles ela nunca viu pessoalmente. Carlos Castilho só pediu Mara Castilho que lhe entregasse a procuração feita anteriormente que ele iria anular, uma vez que ela Mara tinha perdido total autonomia para João Castilho. Carlos Castilho era totalmente independente financeiramente, não precisava de nada de Mara Castilho nem ninguém. Carlos Castilho viajou mais de 10 horas de avião para visitar Mara Castilho, para que ela finalmente encontrasse os netos e tivesse alguns momentos de alegria.

Encontrasse finalmente o filho e os netos que Mara Castilho dizia tanto amar. O que provou não ser verdade.

Ao ouvir a história de João Castilho, todos que foram testemunhar no dia do acontecido e estavam no local disseram aos policiais que João Castilho contava uma grande mentira, que era só assistir o vídeo de segurança do prédio. João Castilho e a suposta cuidadora abandonaram o local e subiram para o apartamento correndo.

Essa atitude de João Castilho mostra sua verdadeira personalidade, tentar incriminar o filho em algo que o filho não havia feito.

Um segundo agravante que levanta ainda mais suspeita da atitude de João Castilho é o fato dele ter trocado uma personal trainer escolhida por Mara Castilho por uma cuidadora desqualificada, e a saúde de Mara Castilho ter se deteriorado rapidamente.

Ao Conversar com moradores do prédio, eles disseram que a saúde de Mara Castilho havia piorado muito a cerca de um mês, quando a estranha cuidadora, que dizia trabalhar e receber ordens de Joao Castilho, havia entrado na vida de Mara Castilho.

Esse foi o primeiro grande erro de João Castilho, que culminou na queda do inimigo dentro de casa.

A partir desse fato algumas suspeitas levantadas anteriormente por Carlos Castilho se tornaram muito evidentes como as seguintes:

- João Castilho está transferindo dinheiro da conta de Mara Castilho para sua conta pessoal há anos.
- João Castilho realmente tem uma amante e quer interditar Mara Castilho para poder controlar seu dinheiro.
- João Castilho está tentando piorar o estado de saúde de Mara Castilho através de dosagem de medicamentos de forma forçada ou camuflada com ajuda da estranha cuidadora.

4.0 A QUEDA DO OPRESSOR

4.1 A denúncia contra o inimigo dentro de casa

Diante da situação enfrentada por Carlos Castilho, ele tinha duas alternativas. Esquecer de vez a família Castilho, aceitar a escolha de Mara Castilho em viver ao lado de João Castilho, apesar de toda a violência psicológica, destrato, falta de carinho. Ou, denunciar a situação perante a justiça.

Inicialmente, Carlos Castilho pensou em deixar a situação de lado, lembrando o que o policial tinha lhe dito, caso Mara Castilho não confessasse os abuso e violências psicológicas sofridas por João Castilho, de nada adiantaria o esforço de Carlos Castilho em conseguir um advogado, entrar na justiça, gastar seu tempo e dinheiro, de nada adiantaria caso Mara Castilho não dessa nenhuma declaração dos abusos e violências psicológicas sofridas contra João Castilho.

Na verdade, Carlos Castilho estava decepcionado com a Mara Castilho. De um lado, não estava surpreso com mais uma atitude agressiva e estupida de Carlos Castilho, que tinha ódio de todo mundo. Porém, não esperava realmente a atitude de Mara Castilho de ser tão passiva diante dessa situação, de imaginar que o filho que era dizia tanto armar, podia fazer alguma coisa contra ela, de ver o que ela sempre dizia por telefone era apenas palavras ao vento, que de fato, não sentia tanta saudade do filho Carlos Castilho e do netos, pois na oportunidade que teve, não ficou tão feliz em ver o filho Carlos Castilho e preferiu tentar preservar o casamento falido com Joao Castilho ao ver os Netos e passar algumas horas com a família de Carlos Castilho.

O leitor deve entender uma coisa. Se Mara Castilho naquele dia dissesse que ela queria sair com Carlos Castilho e ver os netos, ninguém a impediria, pois ela não está doente e incapacitada, ninguém tem a procuração dela para dizer o que ela pode ou não fazer ou aonde deve ir. Se Mara Castilho decidisse ir com Carlos Castilho e encontrar os netos, João Castilho teria que acatar a decisão, os policiais estavam ali para garantir os direitos de Mara Castilhos. Tanto Mara Castilho como João Castilho eram Advogados, mesmo João Castilho, que tinha se formado em direito, mas nunca exercido a profissão de fato, sabia disso, mesmo João Castilho, o tosco e ignorante chefe de família, sabia disso.

A verdade é que, sem Mara Castilho, João Castilho não tem dinheiro para pagar as despesas da casa da montanha que Mara Castilho comprou com seu dinheiro e deu para João Castilho, sem o dinheiro de Mara Castilho, João Castilho não teria dinheiro de comer em restaurante todos os dias, de comprar roupas caras, de andar de carro de cima para baixo na casa da montanha, João Castilho não teria dinheiro para dar para a suposta amante. Sem o dinheiro de Mara Castilho, João Castilho não teria de ter os melhores Médicos e plano de saúde para tratar de suas doenças intermináveis, pagar suas cirurgias desnecessárias e psicólogos e psiquiatras que jamais conseguiriam ajudar João Castilho.

Carlos Castilho tomou a decisão de seguir adiante e denunciar João Castilho, não pela sua eterna maldade, não pelos abusos e violências psicológicas sofridas pela família Castilho durante todos esses anos. Não pela maldade de impedir Mara Castilho de ver os netos e passar algumas horas com o filho Carlos Castilho. Mas para denunciar uma situação que muitas famílias, não somente na América Latina mas ao redor do mundo sofre, o abuso e a violência psicológico.

Carlos Castilho resolveu denunciar a situação e abrir os olhos da justiça do mundo para a questão da violência psicológica.

Carlos Castilho sabia que estava sozinho e provavelmente iria perder essa batalha, mas se pelo menos, milhares de pessoas soubessem dessa história, alguma coisa poderia mudar na sociedade.

Carlos Castilho sabia que não poderia contar com Luciana Castilho e Lucia Castilho, pois elas se recusaram ajudar no passado, quando Carlos Castilho iniciou uma denúncia contra João Castilho, que foi arquivada. Se ambas tivessem ajudado, hoje Mara Castilho estaria provavelmente livre de João Castilho vivendo uma vida mais digna e livre.

Mas Carlos Castilho estava sozinho, ele entendia que tanto Luciana Castilho e Lucia Castilho estavam preocupadas com uma futura herança e jamais entrariam em direto conflito com João Castilho.

Carlos Castilho já havia ligado para sua advogada e pedido para solicitar uma renúncia de herança e quaisquer bens que poderia futuramente ser recebidos de Mara Castilho ou João Castilho. Porém a advogada explicou que isso não seria possível, somente após o falecimento de Mara Castilho ou João Castilho.

Carlos Castilho no entanto, em uma conversa com Mara Castilho por telefone a pediu que a qualquer momento que discutisse herança com João Castilho, que passasse toda sua parte para as duas filhas mais novas de Luciana Castilho.

Carlos Castilho pensou em contratar uma advogada criminalista e denunciar João Castilho por maus tratos, falsidade ideológica, perjura e danos morais.

Como parte da denúncia, seria também denunciada a chamada cuidadora por danos morais, maus tratos. A cuidadora, que ninguém jamais tinha visto ou conhecia, a cuidadora que não era enfermeira, nem psicoterapeuta, nem fisioterapeuta, era cuidadora, uma profissão inventada para quem não tinha nenhuma dessas profissões, mas ainda sim, por não ter nada mas o que fazer ou qualquer outra qualificação, cuidava de idosos. Na América do Sul essa profissão levantava suspeita de qualquer um, pois além de não exigir nenhuma qualificação, existiam vários homicídios relacionados essa ocupação. Pois muitas delas, tentavam roubar os idosos, passar seus bens para seu próprio nome.

Mas nesse caso em especial, essa cuidadora trabalhava para João Castilho, o inimigo dentro de casa e como ela dizia, recebo ordens de João

Castilho e trabalho para ele, o que fazia dela em cumplice em todos os crimes cometidos por João Castilho.

4.2 A sociedade contra o inimigo dentro de casa

Carlos Castilho decidiu então, divulgar a história entre familiares, amigos e vizinhos da família Castilho. Todos ficaram realmente sabendo da verdadeira história da família Castilho, não a falsa versão contada por João Castilho, que inventava aversão que o filho Castilho queria fazer a Mãe assinar papeis a seu favor, que ele estava cuidando de Mara Castilho, pois a mesma estava incapacitada e com Mal de Alzheimer.
Carlos Castilho divulgou a verdadeira história que transformou João Castilho de um chefe de Família ao inimigo dentro de Casa.
Carlos Castilho divulgou a verdadeira história entre amigos de Trabalho de Mara Castilho, aqueles que Mara sempre tinha ajudado durante a vida e a ela eram muito gratos.
Aos poucos, quando muitos que não conheciam realmente João Castilho, aqueles que achavam que João Castilho era uma pessoa educada e um ótimo chefe de família e realmente acreditavam na falsa doença de sua vítima Mara Castilho, passaram a ver a realidade e João Castilho passou a ficar isolado cada vez mais, de familiares, vizinho e amigos.

De fato, vizinhos antigos, familiares e antigos amigos de Mara Castilho já conheciam João Castilho e todas suas violências psicológicas contra Mara Castilho. Na verdade, João Castilho já estava afastado de uma certa forma da sociedade, pois quen o conhecia a pouco tempo, sabia de seu verdadeiro caráter, na verdade, ninguém gostava de João Castilho, nem os vizinhos, nem os parentes, e os antigos amigos foram se afastando ao longo do tempo.

Apesar de todo apoio de vizinhos, amigos e familiares de João Castilho, Mara Mara Castilho ainda insistia que, João Castilho, aquele que havia praticado violência psicológica há anos, estava melhor, estava mais calmo, estava lhe tratando bem. Essa covardia de Mara Castilho era algo que não tinha jeito, mesmo com o apoio de toda sociedade, Mara Castilho acreditava que ela tinha que passar por isso, que era a vontade de deus, que suas orações de toda a vida iam mudar a atitude do Inimigo dentro de casa.

4.3 A queda do inimigo dentro de casa

Após toda sociedade ficar sabendo da verdadeira história da Familia Castilho, João Castilho ficou marginalizado pela sociedade, as pessoas o evitavam e não falavam com ele, de fato, isso já acontecia a muito tempo, somente em alguns lugares como a academia que João Castilho frequentava, onde as pessoas não o conheciam realmente, as pessoas tinham uma ideia falsa dele. Uma falsa idéia, que João Castilho tentava sempre passar para as pessoas, de ele era um homem culto, educado, um Advogado bem sucedido, que de fato nunca tinha exercido essa profissão, e que era vítima da injustiça da vida, das irmãs e da família Castilho. A falsa imagem que João Castilho passava de que tudo que fazia era proteger Mara Castilho, o que na verdade, era controle, controle para que puder ter acesso ao dinheiro de Mara Castilho e continuar vivendo sua fida falsa e imaginária custeada com o dinheiro de Mara Castilho.

Para ter essa vida, teria que simular uma doença de Mara Castilho, teria que isolar Mara Castilho dos amigos e familiares, controlando seu celular, seus telefonemas, sua conta bancária.

Como Relata Lucia Castilho: *“João Castilho me disse que ia encostar Mara Castilho em um canto ia dar uns remedinhos para ela e ia viver sua vida”.*

Que vida é essa que João Castilho iria viver, uma pessoa non grata, uma pessoa que ninguém gostava dele, uma pessoa que por sua atitude durante a vida não recebia telefonema de ninguém mais, uma pessoa que não recebia feliz aniversário de ninguém, alguém que passava natal e ano novo sozinho a anos. João Castilho iria arrumar curtir a vida com a amante ? João Castilho era impotente há nãos diante das inúmeras doenças, era instável psicologicamente, era só questão de tempo que também seria mais uma vítima de abusos de pessoas de terceira idade.

4.4 A Salvação

Carlos Castilho não conseguiu salvar Mara Castilho do inimigo dentro de casa. Mara Castilhos preferiu viver sua ilusão de que Carlos Castilho estava melhor, que Carlos Castilho foi um bom pai e um bom Chefe de família, que a vida era assim mesmo, o importante era estar com saúde, saúde que ela já não tinha mais devido a inúmeros problemas causados por João Castilho, Luciana Castilho e Lucia Castilho. O desgaste psicológico de anos ao tentar ajudar pessoas que são um caso perdido.

Vale lembrar de apesar de ser uma péssima filha, Luciana Castilho, e uma péssima neta, Lucia Castilho, ambas jamais praticaram violência psicológica contra Mara Castilho.

Mara Castilho uma vez confessou a Carlos Castilho que Luciana Castilho extorquiu Mara Castilho quando ela estava sozinha em casa, na bela casa da montanha. Apesar de serem a principal causa da desavença e brigas do casal Mara Castilho e João Castilho ao longo dos anos, foi Mara Castilho que escolheu, sempre cobrir os erros de Luciana Castilho e Lucia Castilho. diferente de João Castilho, que escolheu, maltratar, extorquir e se aproveitar de Mara Castilho.

Apesar do triste fim de Mara Castilho, que insistiu viver até os fins de sua vida ao lado do inimigo dentro de casa, Carlos Castilho estava salvo.

Carlos Castilho estava salvo, com sua alma lavada e consciente que essa família Castilho era um caso perdido.

Porém Carlos Castilho e sua família, esposa e filhos eram queridos por todos, na américa latina e no exterior, Carlos Castilho continuou visitando suas Tias que os amava como um filho e amava os filhos de Carlos Castilho como netos.

Carlos Castilho tinha muitos amigos na América Latina, amigos que o ajudaram e amigos que Carlos Castilho sempre tinha ajudado, amigos de infância que jamais perdera contato, amigos do colégio, amigos da Universidade, Amigos de trabalhos anteriores.

De fato, Carlos Castilho tinha uma família e amigos na América Latina que superavam em muito a ausência não mais sentida de Mara Castilho e João Castilho.

Carlos Castilho tinha sua família no exterior que muito amava seu filhos e esposa. Mara Castilho a vítima, que preferiu ficar ao lado de João Castilho e não o contrariar ,do que ver os netos, e João Castilho, o chefe de família, o inimigo dentro de casa, aquele que jamais ligou para os netos, aquele que na verdade só se importava com uma coisa na vida, dinheiro.

Mara Castilho e Joao Castilho continuam viver infelizes juntos como muitos casiss da América Latina.

Carlos Castilho e sua Família vivem felizes no exterior e continuam a visitar amifos e familiares na américa do latina.

References

https://www.kidsdata.org/topic/3/intimate-partner-violence/summary

https://ncadv.org/STATISTICS